Alles funkelt!

Adventsgeschichten
vom kleinen Raben Socke

Erzählt von Nele Moost
Mit Bildern von Annet Rudolph

esslinger

Alles Advent!

oder

Socke zählt eins, zwei, fünf Kerzen

Der kleine Rabe Socke ist beim Dachs zu Besuch. Frau Dachs serviert Rosinenmandelbratäpfel. Der ganze Raum ist von dem herrlichen Duft erfüllt. „Schade, dass Eddi-Bär, Löffel und Wolle heute keine Zeit hatten“, überlegt sie. „Es ist doch immer schöner, wenn ganz viele um den Tisch sitzen.“
„Wir schaffen die Bratäpfel auch alleine. Mach dir keine Sorgen“, beruhigt sie Socke. „Hm, das stinkt echt lecker.“
„Wenn etwas gut riecht, sagt man nicht ‚stinkt‘“, korrigiert Frau Dachs.
„Man sagt: es duftet!“, weiß der kleine Dachs. Er ist stolz, dass er so ein schönes Wort kann.
„Dann tut es eben duften“, verbessert sich der kleine Rabe, „aber dafür richtig stinkelecker.“ Eigentlich würde Frau Dachs jetzt gern darauf hinweisen, dass man auch das Wort ‚tut‘ nicht so benutzt. Aber das verkneift sie sich. Sie will den kleinen Raben ja auch nicht andauernd berichtigen.

„Heute ist erster Advent“, erklärt Frau Dachs.
„Ist das schlimm?“, fragt Socke.
Frau Dachs muss lachen. „Nein, Advent ist nicht schlimm. Das ist ganz schön. Da freut man sich auf Weihnachten und zündet eine Kerze an.“
„Warum denn bloß eine?“, will der kleine Rabe wissen. „Das bringt's ja gar nicht. Da bleibt es ja pupsdunkel.“
„Man sagt nicht pupsdunkel“, verbessert Frau Dachs.
„Trotzdem“, beharrt Socke. „Nur eine Kerze ist langweilig.“

„Das ist nicht langweilig, das ist Vorfreude“, erwidert Frau Dachs. „Wir freuen uns darauf, dass nach und nach immer mehr Lichter funkeln. Jeden Sonntag wird eine Kerze mehr angezündet. Erst eine, dann zwei, dann drei, dann vier.“
„Dann steht das Christkind vor der Tür“, ergänzt der kleine Rabe.
„Was du nicht alles weißt“, staunt Frau Dachs.

„Gut was? Das habe ich mal gehört und mir gleich gemerkt.“ Socke grinst. „Das war leicht, weil es sich reimen tut. Also treffen wir uns jetzt jeden Sonntag zum Kerzen anzünden, stimmt's?“
Frau Dachs zögert: „Ja, aber ... nicht immer bei uns. Ich habe noch so viel vorzubereiten.“
„Na, dann bei denen, die heute nicht kommen konnten“, schlägt Socke vor. „Dann können wir uns alle zusammen vorfreuen. Ich sag Eddi, Löffel und Wolle gleich Bescheid.“

„Gut, dann treffen wir wir uns am zweiten Advent vielleicht bei Eddi-Bär“, überlegt Frau Dachs. „Kannst du ihn bitten, zwei Kerzen zu besorgen? Und dann bei Löffel. Da brauchen wir drei Kerzen und bei Wolle vier. 1-2-3-4, kannst du dir das merken?“
„Ist doch puppenleicht!“, erwidert Socke. „Und wann ist Sonntag?“

„In sieben Tagen", erklärt Frau Dachs. „Noch sieben Mal schlafen, dann ist zweiter Advent."
„Soll ich dich begleiten?", bietet der Dachs an.
„Nö, das schaffe ich alleine", meint Socke. „Ohne alle. Ich brauche Null Begleitung."

In den nächsten Tagen muss der kleine Rabe ganz viel spielen. Dabei vergisst er völlig, dass er einen Auftrag hatte. Es fällt ihm erst wieder ein, als schon mehrere Tage vergangen sind.
„Jetzt aber ab die Post. Zuerst zu Eddi-Bär", überlegt Socke.
Auf dem Weg zählt er aufgeregt die Anzahl der Kerzen auf.
„Eins und eins und neun und vier und drei und sieben und acht."
„Eddi, morgen ist Advent", ruft der kleine Rabe schon von Weitem.
„Ach du dickes Ei", brummt der Bär.
„Was machen wir denn da?"
„Wir treffen uns bei dir und du musst unbedingt fünf Kerzen besorgen."

Danach fliegt Socke zu Löffel. Er erklärt ihm, dass er Null Kerzen braucht, nur jede Menge Vorfreude und reichlich Plätzchen, wenn alle zu ihm kommen. Und das Schaf fordert der kleine Rabe auf, 100 Kerzen heranzuschaffen.

Socke ist mit sich sehr zufrieden, weil er gerade noch rechtzeitig allen Bescheid gesagt hat.

Am zweiten Advent treffen sich die Freunde, wie verabredet, bei Eddi-Bär. Der präsentiert stolz seine fünf Kerzen. Er wundert sich mächtig, dass Frau Dachs nur zwei davon anzündet.

„Warum denn so wenig?", will er wissen.

„Am zweiten Advent gibt es nur zwei Kerzen", erklärt Frau Dachs.

Am dritten Advent versammeln sich alle beim Hasen. „Wo sind denn die Kerzen?“, will Frau Dachs wissen.
„Ich habe keine“, erklärt Löffel.
„Das ist aber schade“, bedauert Frau Dachs.
„Wie konnte das denn passieren?“
„Aber ich sollte doch Null …“, rechtfertigt sich der Hase. Er will auf keinen Fall schuld sein. Der kleine Rabe bekommt so eine Ahnung, dass er etwas durcheinander gebracht hat. Zum Glück wird der Hase von Eddi-Bär unterbrochen, der verspätet eintrifft. „Hier, die sind vom letzten Mal über“, erklärt der Bär und präsentiert genau die drei Kerzen, die gerade gebraucht werden.
„Überraschung!“, krächzt Socke erleichtert.

Der vierte Advent findet bei Wolle statt. Socke will unbedingt sofort alle 100 Kerzen anzünden.

„Halt!“, stoppt ihn Löffel. „Feuer ist verboten.“
„Ich darf auch nicht mit Streichhölzern spielen“, meint das Schaf. „Das gibt Schimpfe.“
Endlich kommt Frau Dachs. Sie zündet 1-2-3-4 Kerzen an. „Was machen wir mit dem Rest?“, will sie wissen.
Darauf fällt Socke gleich eine Antwort ein. „Das habe ich genau geplant“, behauptet er. „Die Kerzen sind für unseren 1.000-Lichter-Weihnachtsbaum. Dann ist nämlich Schluss mit vorfreuen und pupsdunkel. Dann ist jetztfreuen und alles tut lichterhell leuchten tun!“

Alles getauscht!

oder

Socke und der tollste Weihnachtsmarkt

Socke und seine Freunde begleiten den kleinen Dachs zum Bahnhof. Sie wollen Frau Dachs abholen, die von einem Besuch bei Tante Törtchen heimkommt. Da fährt auch schon der Zug ein.
„Huhu Mama“, ruft der Dachs. „Hier sind wir.“
„Das ist ja eine Überraschung!“ Frau Dachs freut sich über das große Empfangskomitee. „So ist es gleich doppelt schön, wieder zu Hause zu sein.“

„Hast du uns was mitgebracht?“, will Socke wissen.
„Aber sicher. Ich habe ordentlich Geld ausgegeben und Schokoherzen, Lebkuchen und gebrannte Mandeln auf dem Weihnachtsmarkt gekauft. Davon können wir nachher gleich mal naschen.“
„Nur ein bisschen naschen?“, fragt Stulle.
„Ja, auch aufessen“, beruhigt ihn Frau Dachs.
Dann erzählt sie von dem wundervollen Weihnachtsmarkt, den sie zusammen mit Tante Törtchen besucht hat.

„Was ist ein Weihnachtsmarkt?“, fragt Eddi-Bär.
„Es gibt dort weihnachtlich geschmückte Buden.
Da kannst du alles kaufen, was dein Herz begehrt.“

„Alles? Das machen wir auch“, beschließt Socke sofort.
„Geht nicht!“, widerspricht der Hase.
„Doch“, entgegnet der kleine Rabe.
„Nein. Das geht nicht. Wenn du was kaufen willst, musst du Geld haben und wir haben keins“, beharrt Löffel.
„Muss ich nicht.“
„Musst du doch. Hat Frau Dachs gerade gesagt.“
„Muss ich nicht.“
„Sondern?“
„Ich komme einfach zu deiner Bude und du gibst mir, was ich will. Punkt. Und dann …“, weiter weiß der kleine Rabe nicht.

„Dann erhältst du einen Gutschein, den du bei Socke einlösen kannst“, mischt sich Frau Dachs ein. „Wenn du mit deinem Gutschein zu Socke gehst, bekommst du von ihm alles, was du willst.“

„Alles?“, fragt Löffel. Der kleine Rabe schüttelt energisch den Kopf, weil er findet, dass das entschieden zu weit geht. Er will gerade widersprechen, doch Stulle ist schneller. Er antwortet für seinen Freund: „Frag nicht so doof, Löffel. Nicht alles. Aber von dem, was da ist, kannst du dir was aussuchen.“

„Genau!“, stimmt Socke zu und nickt erleichtert. Alle sind von der Idee so begeistert, dass sie es eilig haben, nach Hause zu kommen.
In der nächsten Zeit wird geplant, Material gesucht, gebastelt, geschraubt und gemalt, was das Zeug hält. Jeder will auf dem Weihnachtsmarkt die schönsten Dinge anbieten.

Socke sitzt in seinem Nest. Es ist natürlich völlig klar, wer die allerschönste, allerbesonderste Weihnachtsbude haben wird.
Und Socke hat auch schon alles Mögliche besorgt, aus dem man etwas basteln kann. Es fehlt nur noch eine Kleinigkeit: Eine Idee. Leider ist Sockes Kopf leer. In seinem Gehirn bewegt sich nullkommanichts.

„Ich schau mal, was die anderen machen", beschließt er. Doch das ist nicht so einfach. Alle Freunde haben die Vorhänge zugezogen und die Türen geschlossen. Denn jeder will die anderen überraschen.
Socke lauscht bei Eddi-Bär. Er hört ihn sägen und schrauben. Löffel scheint etwas zu schreiben.
Und beim kleinen Dachs fliegt gerade ein Glitzerpapierschnipsel aus dem Fenster.
Frau Dachs rührt in der Küche einen Teig. Was sie wohl backen will?
Als sie Socke so herumdrucksen sieht, fragt sie: „Na, weißt du nicht, was du basteln kannst?"
„Doch, sowieso! Ich wollte nur mal sehen. Nicht, dass wir beide das Gleiche machen. Ich habe so viele Ideen. Ich kann 1.000 Sachen", versucht der kleine Rabe sich herauszureden.

„Du, Frau Dachs, was war eigentlich das Schönste, was du auf dem Weihnachtsmarkt gesehen hast?“
„Ich glaube“, überlegt Frau Dachs, „die bunten Ringelsocken mit Bommeln fand ich am besten.“
„So ein Zufall. Genau die stricke ich“, behauptet Socke.
„Das ist aber schwer“, warnt Frau Dachs.
Aber der kleine Rabe ist schon verschwunden.
Er ist froh, endlich loslegen zu können. Wolle kann er sich jede Menge vom Schaf besorgen. Jetzt muss er nur noch wissen, wie Stricken geht. Das lernt er sicher morgen ruck, zuck.

Ein paar Tage später ist es so weit. Überall glitzert und funkelt es, der Weihnachtsmarkt ist aufgebaut. Socke fühlt sich wie im Paradies. Er hüpft von einer Bude zur nächsten.

Bei Frau Dachs riecht es so gut. Es gibt frisch gebackene Waffel mit Puderzucker.
„Hm, leckischmecki“, lobt Socke. „Kann ich noch eine? Du kriegst auch Gutscheine.“

Bei Eddi-Bär kann man dem Handwerker bei der Arbeit zuschauen.
„Das werden Rennfahr-Holzautos“, brummt er.
„Ich nehm gleich zwei davon“, bestellt Socke.

Bei Löffel gibt es handgeschriebene Gedichte und der kleine Dachs hat Sternanhänger ausgeschnitten. Köstlich duftet es auch bei Stulle. Da steht ein großer Kupferkessel, in dem Kinderpunsch zubereitet wird.
„Da trink ich noch einen. Prösterchen!“, krächzt Socke. Der kleine Rabe verteilt überall großzügig seine Gutscheine und kriegt dafür, was sein Herz begehrt. Es ist genauso schön, wie Frau Dachs versprochen hat. Alle freuen sich.
„Hier Stulle, mein letzter Gutschein“, meint Socke.
„Super“, grunzt das Wildschwein. „Da kann ich mir gleich bei dir ordentlich was aussuchen.“
Das hätte Stulle nicht sagen sollen. Der kleine Rabe kriegt einen riesigen Schreck. In seiner Bude gibt es nichts. Da liegt nur die Wolle und das ganze andere Zeug.

Das Stricken hat er von einem Tag auf den anderen geschoben, bis er es völlig vergessen hat.
„Ja, äh ... dann zähl schon mal die Gutscheine“, ruft er und düst wie der Blitz zu seinem Nest.
„Oh, Mist“, denkt Socke panisch. „Schnell drauflos gestrickt. Nur mit der Ruhe.“ Aber von Ruhe kann keine Rede sein. Statt eine Masche nach der anderen auf die Stricknadel aufzunehmen, verheddert sich der kleine Rabe total und sieht in Windeseile bald selbst wie ein Wollknäuel aus.

Da sind die Freunde auch schon im Anmarsch.
„Socke, wir kommen“, rufen sie und wedeln mit ihren Gutscheinen.
„Ich möchte ...“, brummt Eddi-Bär, weiter kommt er nicht. „Ich weiß gar nicht, welche Wünsche ich hier wünschen soll.“ Sein Blick irrt ratlos auf dem Stand umher.
Socke fällt keine Ausrede ein.
Er schämt sich ziemlich. Die anderen haben sich solche Mühe gegeben und er hat nichts.

„Ich wollte, äh, es sollte, äh, etwas besonders Besonderes werden“, stottert er.
„Ich weiß, was das ist“, meint Löffel. „Das ist super Wolle. Damit kann man …“
„… Bommeln basteln oder bunte Socken stricken“, ergänzt Frau Dachs. „Und Topflappen häckeln und Freundschaftsbänder flechten.“
„Äh, ja“, stammelt Socke, „weil, nämlich, hier können wir …“
Und da hat sein Freund Eddi-Bär endlich für ihn die rettende Idee: „… zusammen basteln!“
„Genau!“, bestätigt Socke. „Bei mir gibt's den Alle-gemeinsam-Basteltag. Alle zusammen, nicht jeder für sich allein hinter verschlossenen Türen.“

„Das ist der Knaller“, freut sich Stulle.
„Da hätte ich dann auch Marzipankartoffeln und Kakao im Angebot“, bietet Frau Dachs gleich an.
„Ja, aber nur ohne Gutscheine“, krächzt der kleine Rabe erleichtert.
„Bitte-danke!“

Alles glitzert!

oder

Socke wird Dekoweltmeister

Heute wollen Socke und seine Freunde Frau Dachs überraschen und alles weihnachtlich schmücken. Im letzten Jahr sah es so schön aus, mit all den Lichterketten auf den Wegen und den bunten Glitzerkugeln in den Fenstern. Eddi-Bär und Stulle holen gerade die Dekoration aus dem Keller. Der kleine Rabe Socke will auch helfen.
„Gib mir mal die Kiste. Ich bin stark", krächzt er.
„Lieber nicht", brummt Eddi-Bär. „Ich bin stärker."
„Nein, ich bin der Stärkste", behauptet Socke.
Er zieht an dem Karton und Eddi-Bär hält fest.
Bei dem Gerangel rutscht der Bär aus und die Kiste fällt auf den Boden. Alle Glaskugeln sind zerbrochen.

„Ach, du dickes Ei", seufzt Eddi-Bär.
„Au weia, da wird meine Mama aber ganz doll schimpfen", fürchtet der kleine Dachs.
„Das dürfen wir ihr auf keinen Fall verraten", verlangt Socke.
„Aber das merkt sie doch", gibt der Hase zu bedenken.

Der kleine Rabe hat eine Idee: „Da gibt es nur eins, wir müssen neue Sachen basteln. Wir machen sofort unseren Alle-gemeinsam-Basteltag. Kommt, wir gehen zu Stulle. Da sieht Frau Dachs uns nicht."

Es dauert nicht lange, da sind alle eifrig bei der Arbeit. Sie strengen sich mächtig an. Ein Stück wird schöner als das andere. Socke ist heute ausnahmsweise geduldig.

Er lässt sich helfen, etwas zeigen oder erklären. Er fragt, wie etwas funktioniert und versucht es dann selbst. Alles ist friedlich.
Auf einmal hält Eddi-Bär einen Nussknacker hoch, den er gebaut hat. „Man schiebt hier eine Nuss in den Mund", erklärt er. „Und wenn man den Hebel herunterdrückt, wird die Nuss geknackt."
Seine Freunde klatschen begeistert. „Du bist der Holzbastel-Weltmeister!", jubeln sie.
„Eddi-Bär kann von uns allen am besten mit Holz basteln. Du bist unser Holzmeister, das ist eindeutig", stellt das Schaf fest.

„Ja, du bist der Beste!“, rufen alle außer Socke. Er zeigt einen Stern, den er eigenhändig ausgesägt hat. Der ist ziemlich krumm und schief, aber der kleine Rabe findet ihn trotzdem gut. Vielleicht kann er damit auch Holzmeister werden.
„Den Abfall kannst du in die Kiste werfen“, meint der Hase und nimmt ihm den Stern weg.

Socke kann es nicht fassen: „Aber das ist ein Weihnachtsstern.“
„Oh, Verzeihung, das habe ich nicht gewusst“, entschuldigt sich Löffel. Socke überlegt, ob er dem Hasen eine pfeffern soll. Aber er verkneift es sich, schließlich ist bald Weihnachten.
Beim Basteln mit Papier und dem Binden von Strohsternen geht es dem kleinen Raben nicht besser. Der Dachs ist der Papiermeister und Stulle wird zum Strohmeister auserkoren. Alles, was Socke bastelt, ist mit Abstand das schlechteste.

Er ärgert sich selbst so sehr darüber, dass er es freiwillig in die Müllkiste wirft. „Ich bin gar kein Meister", jammert der kleine Rabe. „Ich bin zu gar nichts gut."

„Doch, du hast prima aufgeräumt und alle Abfälle eingesammelt", versucht Wolle ihn zu trösten.

„Genau", stänkert daraufhin der Wolf, „du bist unser Müllmeister."

Das geht zu weit. Socke ist so wütend, dass er dem Wolf Prügel androht. Sie streiten heftig und das klingt nicht sehr weihnachtlich. Die Stimmung ist überhaupt nicht mehr schön.

Eddi-Bär möchte, dass die beiden sich versöhnen. „Lasst uns doch was machen, was keiner kann", schlägt er vor.

Da überlegen die Freunde, was das sein könnte. „Stricken ist das allerschwerste. Das weiß ich aus Erfahrung", erklärt Socke.

Die Freunde beschließen, sich von der Eule zeigen zu lassen, wie stricken geht. Jeder versucht sich an einem Paar Ringelsocken.
Alle sind mit Eifer dabei. In Windeseile haben sie sich in der Wolle verheddert und verknotet. Das ist so lustig, dass sie sich bald wieder vertragen haben und fröhlich um die Wette stricken.

„Wenn alle sich gleich doof anstellen und keiner der Beste sein muss, macht es viel mehr Spaß“, freut sich der kleine Rabe. Die fertigen Socken haben die merkwürdigsten Formen angenommen. Eine Ringelsocke sieht komischer aus als die andere und landet in der Müllkiste.

Schließlich ist genug gebastelt. Die Tiere ziehen los und schmücken den ganzen Wald.

„Socke, ist jetzt alles wieder gut?“, will Eddi-Bär wissen. Aber der kleine Rabe ist verschwunden. Alle Freunde suchen nach ihm.

„Hast du wieder gestänkert?“, fragt der Bär.

„Hab ich nicht“, antwortet der Wolf. „Ich habe kein Wort über seinen krumpeligen Strickstrumpf gesagt.“

Als sie beim Rabennest ankommen, staunen sie mächtig. Auch Frau Dachs ist da.

„So etwas habe ich ja noch nie gesehen“, ruft sie begeistert. Der kleine Rabe hat sein Nest mit all den Resten geschmückt, die er in der Abfallkiste gesammelt hat. Und die verunglückten Ringelsocken hängen alle an einem Band.

„Ich bin beeindruckt“, lobt Frau Dachs. „Damit würde ich am liebsten unseren Weihnachtsbaum schmücken. Meinst du, du könntest deine Schätze dafür hergeben?“
Socke fühlt sich geschmeichelt, aber er zögert. Etwas hergeben ist nicht gerade seine Stärke.
„Ich zaubere dir auch aus den Ringelsocken einen Adventskalender“, bietet Frau Dachs an.
„Was ist ein Adventskalender?“, fragt Socke.
„Na, ich stecke in jede Socke eine Überraschung. Und du darfst dir bis Heiligabend jeden Tag eine herausholen.“
Das klingt sehr verlockend. Aber der kleine Rabe ist nicht ganz zufrieden. Er verlangt noch etwas: „Alle müssen sagen: Socke ist nicht blöd! Er ist auch wichtig. Der kleine Rabe ist er der allerbeste Weihnachtsdekomeister.“